AF358307

VENTE DU SAMEDI 8 AVRIL 1899

HOTEL DROUOT, SALLE Nᵒ 1

A TROIS HEURES

TABLEAUX MODERNES

Collection de feu M. F...

COMMISSAIRES-PRISEURS

Mᵉ JULES BONNIN | **Mᵉ PAUL CHEVALLIER**
Rue Taitbout, 62 | Rue Grange-Batelière, 10

EXPERTS

MM. FÉRAL, rue du Faubourg-Montmartre, 54

IMPRIMERIE MAULDE et RENOU

MAULDE, DOUMENC & Cie

IMPRIMEURS DE LA COMPAGNIE DES COMMISSAIRES-PRISEURS

Rue de Rivoli, 144

CATALOGUE

DE

TABLEAUX MODERNES

PAR

**Beauquesne, Berchère, Boudin. Chaigneau
Delpy, De Penne. Français, Henner, Huguet, Japy, Lépine
Pasini, A. Stévens
Veyrassat. Washington, Watelin, Ziem**

DONT LA VENTE AURA LIEU APRÈS DÉCÈS DE M. F...

HOTEL DROUOT — SALLE N° 1

Le Samedi 8 Avril 1899, à 3 heures

COMMISSAIRES-PRISEURS

Me JULES BONNIN | **Me PAUL CHEVALLIER**
Rue Taitbout, 62 | Rue Grange-Batelière, 10

EXPERTS

MM. FÉRAL, rue du Faubourg-Montmartre, 54

EXPOSITION PUBLIQUE

Le Vendredi 7 Avril 1899, de 1 heure 1/2 à 5 heures 1/2

PARIS — 1899

CONDITIONS DE LA VENTE

Elle se fera au comptant.

Les acquéreurs paieront CINQ POUR CENT en sus des adjudications.

L'Exposition leur permettant de se rendre compte de l'état des Tableaux, aucune réclamation ne sera admise une fois l'adjudication prononcée.

MAULDE, DOUMENC et Cie, imp. de la Cie des Commissaires-Priseurs, rue de Rivoli, 144   800—80205

Désignation

TABLEAUX MODERNES

BEAUQUESNE (W.)

1 — *L'Assaut.*

Signé et daté 1897.

Toile : H. 0^m38 ; L. 0^m45.

BERCHÈRE

2 — *Noce indigène, en Égypte.*

Signé à droite.

Toile : H. 0^m46 ; L. 0^m63.

Collection Donatis.

BERCHÈRE

3 — *Halte de caravane.*

Signé à droite.

Toile : H. 0^m25 ; L. 0^m43.

BOUDIN (E.)

4 — *Le Bassin de la Barre, au Havre.*

Signé et daté 91.

Bois : H. 0ᵐ37 ; L. 0ᵐ45.

BOUDIN (E.)

5 — *Le Bassin de l'Eure, au Havre.*

Signé et daté 94.

Bois : H. 0ᵐ45 ; L. 0ᵐ37.

BOUDIN (E.)

6 — *Le Bassin de Trouville.*

Signé à gauche.

Bois : H. 0ᵐ35 ; L. 0ᵐ27.

BOUDIN (E.)

7 — *L'Entrée du port de Trouville.*

Signé et daté 90.

Bois : H. 0ᵐ27 ; L. 0ᵐ21.

CHAIGNEAU (F.)

8 — *Berger parquant ses moutons ; effet du soir.*

Signé à gauche.

Bois : H. 0ᵐ34 ; L. 0ᵐ45.

CHAIGNEAU (F.)

9 — *Bergère conduisant des moutons.*

    Signé à gauche.

        Bois : H. 0^{m}22 ; L. 0^{m}15.

CHAIGNEAU (F.)

10 — *Troupeau de moutons près d'un marais, effet de soleil couchant.*

    Signé à gauche.

        Bois : H. 0^{m}12 ; L. 0^{m}20.

DELPY (H.-C.)

11 — *Bords de rivière ; effet de soleil couchant*

    Signé à droite et daté 96.

        Toile : H. 0^{m}65 ; L. 0^{m}93.

DELPY (H.-C.)

12 — *Vue de Portejoie ; effet d'automne.*

    Signé à gauche.

        Bois : H. 0^{m}44 ; L. 0^{m}70.

DELPY (H.-C.)

13 — *Bords de rivière.*

    Signé à droite.

        Bois : H. 0^{m}33 ; L. c^{x}59.

DELPY (H.-C.)

14 — *Les Bords de l'Oise.*

Signé à droite.

Bois : H. 0ᵐ29 ; L. 0ᵐ52.

DE PENNE (O.)

15 — *Relai de chiens.*

Signé à droite.

Bois : H. 0ᵐ33 ; L. 0ᵐ24.

FRANÇAIS (L.)

16 — *Hommage à Cérès.*

Signé à gauche.

Bois : H. 0ᵐ34 ; L. 0ᵐ24.

HENNER

17 — *Nymphe couchée.*

Accoudée sur le sol, la tête dans les mains, les jambes repliées et entourées d'une écharpe bleue. Signé à gauche.

Toile : H. 0ᵐ55 ; L. 0ᵐ65.

HENNER

18 — *Madeleine debout.*

Signé à droite.

Toile : H. 0ᵐ73 ; L. 0ᵐ47.

HENNER

19 — *Jeune Fille en buste, vue de face.*

Signé à droite.

Toile : H. 0^m27; L. 0^m22.

HENNER

20 — *Buste de Femme tournée vers la gauche.*

Signé à gauche.

Carton : H. 0^m27; L. 0^m22.

HENNER

21 — *Jeune Fille en buste, vue de profil.*

Signé à gauche.

Carton : H. 0^m27; L. 0^m21.

HENNER

22 — *Lola.*

Signé à gauche.

Carton : H. 0^m27; L. 0^m22.

HENNER

23 — *Madeleine en prière.*

Signé à droite.

Bois : H. 0^m27; L. 0^m19.

HUGUET (V.)

24 — *La Chasse au faucon.*

Toile : H. 0^m63; L. 0^m83.

HUGUET (V.)

25 — *Caravane dans le désert.*

Signé à droite.

Bois : H. 0^m37; L. 0^m45.

HUGUET (V.)

26 — *Arabes en marche.*

Signé à gauche.

Bois : H. 0^m37; L. 0^m45.

JAPY

27 — *Les Grandes Dalles.*

Signé et daté 84.

Toile : H. 0^m49; L. 0^m64.

LÉPINE

28 — *Le Chemin creux.*

Signé à gauche.

Bois : H. 0^m33; L. 0^m20.

PASINI (A.)

29 — *Campement arabe.*

Signé et daté 1856.

Bois : H. 0^m27 ; L. 0^m54.

STÉVENS (Alfred)

30 — *Plage avec baigneurs.*

Signé à droite.

Bois : H. 0^m27 ; L. 0^m39.

STÉVENS (Alfred)

31 — *Marine avec remorqueur.*

Signé à droite.

Bois : H. 0^m35 ; L. 0^m23.

STÉVENS (Alfred)

32 — *L'Embouchure de la Seine.*

Signé à gauche.

Bois : H. 0^m32 ; L. 0^m24.

STÉVENS (Alfred)

33 — *Marine ; effet de clair de lune.*

Signé et daté 96.

Bois : H. 0^m31 ; L. 0^m24.

VEYRASSAT (J.)

34 — *La Moisson.*

Signé à gauche.

Bois : H. 0^m26 ; L. 0^m35.

WASHINGTON (G.)

35 — *Cavaliers arabes à l'abreuvoir.*

Signé à gauche.

Toile : H. 0^m50 ; L. 0^m60.

WASHINGTON (G.)

(Pendant du précédent)

36 — *Caravane en marche.*

Signé à gauche.

Toile : H. 0^m50 ; L. 0^m60.

WATELIN (L.)

37 — *Ruisseau sous bois.*

Signé à gauche et daté 73.

Bois : H. 0^m30 ; L. 0^m40.

ZIEM

38 — *Vue d'Orient.*

Signé à gauche.

Toile : H. 0^m53 ; L. 0^m83.

ZIEM

39 — *La Rade, à Venise ; effet de soleil couchant.*

Signé à droite.

Toile : H. 0ᵐ55 ; L. 0ᵐ80.

ZIEM

40 — *Un Canal, à Venise.*

Signé à gauche.

Toile : H. 0ᵐ73 ; L. 0ᵐ53.

ZIEM

41 — *Vue des environs de Venise ; effet de soleil couchant.*

Signé à gauche.

Bois : H. 0ᵐ45 ; L. 0ᵐ75.

ZIEM

42 — *Vue de Stamboul.*

Signé à gauche.

Bois : H. 0ᵐ48 ; L. 0ᵐ64.

ZIEM

43 — *Vue d'Orient ; effet de clair de lune.*

Signé à gauche.

Bois : H. 0ᵐ40 ; L. 0ᵐ51.

ZIEM

44 — *Environs de Venise; effet de clair de lune.*

Signé à droite.

Bois : H. 0^{m}34; L. 0^{m}49.

ZIEM

45 — *L'Entrée du port, à Venise.*

Signé à droite.

Toile : H. 0^{m}34; L. 0^{m}45.

ZIEM

46 — *Barque de pêche aux environs de Venise.*

Signé à gauche.

Toile : H. 0^{m}32; L. 0^{m}45.

ZIEM

47 — *Gondole près de Venise.*

Signé à droite.

Bois : H. 0^{m}26; L. 0^{m}37.

48 — Tableaux divers et Bas-Reliefs non catalogués.